Matthias Fiedler

Koncepcia inovatívneho vyhľadávania nehnuteľností: Jednoduché sprostredkovanie predaja nehnuteľností

Vyhľadávanie nehnuteľností: Účinné, jednoduché a profesionálne sprostredkovanie predaja nehnuteľností vďaka inovatívnemu portálu na vyhľadávanie nehnuteľností

Údaje o zverejnení –Impressum | Právne upozornenie

1. vydanie ako vytlačená kniha | február 2017
(pôvodne zverejnené v nemčine v decembri 2016)

© 2016 Matthias Fiedler

Matthias Fiedler
Erika-von-Brockdorff-Str. 19
41352 Korschenbroich
Nemecko
www.matthiasfiedler.net

Tlač a výroba:
Pozrite si vytlačený znak na poslednej strane

Návrh obalu: Matthias Fiedler
Vytvorenie e-knihy: Matthias Fiedler

ISBN-13 (Paperback): 978-3-947082-97-1
ISBN-13 (E-Book mobi): 978-3-947082-98-8
ISBN-13 (E-Book epub): 978-3-947082-99-5

Bibliografické informácie Deutsche Nationalbibliothek: Deutsche Nationalbibliothek zaznamenáva túto publikáciu v Deutsche Nationalbibliografie. Podrobné bibliografické údaje sú k dispozícii na internete na webovej stránke http://dnb.d-nb.de.

ZHRNUTIE

V tejto knihe je vysvetlená revolučná koncepcia portálu na vyhľadávanie nehnuteľností na celom svete (app) s výpočtom výrazného obchodného potenciálu (miliarda dolárov), ktorý je integrovaný do softvéru pre realitné kancelárie vrátane zhodnotenia nehnuteľnosti (potenciál predaja v hodnote biliónov dolárov).

To znamená, že rezidenčné a komerčné nehnuteľnosti možno bez ohľadu na to, či v nich býva majiteľ alebo sú prenajaté účinne a s úsporou času. Je to budúcnosť inovačného a profesionálneho predaja nehnuteľností pre všetkých realitných kancelárií a vlastníkov nehnuteľností. Vyhľadávanie nehnuteľností sa vykonáva takmer vo všetkých krajinách a dokonca aj medzi jednotlivými krajinami.

Namiesto ponúkania nehnuteľností kupujúcemu alebo nájomcovi možno pomocou portálu vyhľadávania nehnuteľnosti spojiť vhodných potenciálnych kupujúcich a nájomcov (vyhľadávací profil) s nehnuteľnosťami, ktoré ponúkajú realitné kancelárie.

OBSAH

PREDSLOV

V roku 2011 som vyvinul a rozpracoval myšlienku, ktorá je tu opísaná pre inovatívny proces vyhľadávania nehnuteľností.

Od roku 1998 som sa venoval obchodovaniu s nehnuteľnosťami (vrátane sprostredkovania predaja, nákupu a predaja, oceňovania, prenájmu a výstavby nehnuteľností). Som realitný maklér (IHK), realitný ekonóm (ADI) a certifikovaný odborník na oceňovanie nehnuteľností (DEKRA), ako aj člen medzinárodne uznávanej realitnej asociácie Kráľovskej inštitúcie prísažných topografov (Royal Institution of Chartered Surveyors, MRICS).

Matthias Fiedler
Korschenbroich, 31. 10. 2016
www.matthiasfiedler.net

1. Koncepcia inovatívneho vyhľadávania nehnuteľností: Jednoduché sprostredkovanie predaja nehnuteľností

Vyhľadávanie nehnuteľností: Účinné, jednoduché a profesionálne sprostredkovanie predaja nehnuteľností vďaka inovatívnemu portálu na vyhľadávanie nehnuteľností

Namiesto ponúkania nehnuteľností kupujúcemu alebo nájomcovi možno pomocou portálu (aplikácie) vyhľadávania nehnuteľnosti spojiť vhodných potenciálnych kupujúcich a nájomcov (vyhľadávací profil) s nehnuteľnosťami, ktoré ponúkajú realitné kancelárie.

2. Ciele potenciálnych kupujúcich alebo nájomcov a predajcov nehnuteľností

Z hľadiska predajcov a prenajímateľov nehnuteľností je dôležité predať alebo prenajať ich nehnuteľnosť rýchlo a za najvyššiu možnú cenu.

Z hľadiska potenciálnych kupujúcich alebo nájomcov je dôležité nájsť správnu nehnuteľnosť, aby spĺňala ich potreby a bolo ju možné kúpiť či prenajať čo najrýchlejšie a najľahšie.

3. Predchádzajúce prístupy k vyhľadávaniu nehnuteľností

Vo všeobecnosti potenciálni kupcovia alebo nájomcovia nehnuteľností využívajú veľké množstvo online realitných portálov, aby si našli nehnuteľnosť v preferovanom regióne. Tam nájdu nehnuteľnosti alebo zoznam príslušných odkazov na nehnuteľnosti, ktoré sú im zaslané e-mailom po krátkom nastavení profilu vyhľadávania. To sa často urobí na 2 až 3 realitných portáloch. Následne je obchodník kontaktovaný vo všeobecnosti e-mailom. V dôsledku toho predajca alebo prenajímateľ získa príležitosť a povolenie spojiť sa so zainteresovanou stranou.

Okrem toho sa potenciálni kupujúci alebo nájomcovia obracajú na realitné kancelárie v ich oblasti a vytvorí sa pre nich vyhľadávací profil.

Poskytovatelia na realitných portáloch pochádzajú zo súkromného aj komerčného sektoru nehnuteľností. Komerční poskytovatelia sú prevažne realitné kancelárie a v niektorých prípadoch stavebné spoločnosti, realitní makléri a iné realitné spoločnosti (v tomto texte sa komerční poskytovatelia označujú ako realitné kancelárie).

4. Nevýhoda súkromných poskytovateľov / výhoda realitných kancelárií

V prípade nehnuteľností na predaj nemôžu súkromní predajcovia vždy zaručiť okamžitý predaj. V prípade zdedenej nehnuteľnosti sa napríklad dediči nemusia dohodnúť alebo môže chýbať osvedčenie o dedičstve. Okrem toho môžu predaj komplikovať nejasné právne bremená, ako je napríklad právo na pobyt.

V prípade nehnuteľností sa môže stať, že súkromný prenajímateľ nedostal oficiálne povolenia, napríklad tie, ktoré sú potrebné na prenájom komerčných priestorov ako sídla.

Keď realitná kancelária koná ako poskytovateľ, vo všeobecnosti už má vyjasnené uvedené aspekty. Okrem toho sú už k dispozícii všetky príslušné dokumenty týkajúce sa nehnuteľnosti (pôdorys, situačný plán, energetická certifikácia, list vlastníctva, úradné dokumenty atď.).

V dôsledku toho možno predaj alebo prenájom realizovať rýchlo a bez komplikácií.

5. Vyhľadávanie nehnuteľností

S cieľom čo najrýchlejšie a najefektívnejšie spojiť kupujúcich či nájomcov, ktorí majú záujem, s predajcami či prenajímateľmi je vo všeobecnosti dôležité zaujať systematický a odborný prístup. To sa vykonáva pomocou prístupu (či procesu), ktorý je zameraný nepriamo na vyhľadávanie a nájdenie medzi realitnými kanceláriami a zainteresovanými stranami. To znamená, že namiesto ponúkania nehnuteľností kupujúcemu alebo nájomcovi možno pomocou portálu (aplikácie) vyhľadávania nehnuteľnosti spojiť vhodných potenciálnych kupujúcich a nájomcov (vyhľadávací profil) s nehnuteľnosťami, ktoré ponúkajú realitné kancelárie.

V prvom kroku potenciálni kupujúci alebo nájomcovia na portáli na vyhľadávanie nehnuteľností nastavia špecifický profil vyhľadávania. Tento profil vyhľadávania obsahuje asi 20 charakteristík. Možno uviesť nasledujúce charakteristiky (nie je to úplný zoznam) a sú dôležité pre vyhľadávací profil.

- Región/PSČ/Mesto
- Druh objektu
- Veľkosť nehnuteľnosti
- Obytná plocha
- Kúpna cena/prenájom
- Rok výstavby
- Príbehy
- Počet miestností
- Prenajaté (áno/nie)
- Suterén (áno/nie)
- Balkón/terasa (áno/nie)
- Spôsob vykurovania
- Parkovacie miesto (áno/nie)

Tu je dôležité, aby charakteristiky neboli zadávané ručne, ale vyberané kliknutím alebo otvorením príslušných polí (napr. druh nehnuteľnosti) zo zoznamu vopred určených možností (pre druh nehnuteľnosti: byt, jednogeneračný rodinný dom, sklad, kancelária atď.).

V prípade potreby môžu zaisteresované strany stanoviť ďalšie profily vyhľadávania. Úprava profilu vyhľadávania je tiež možná.

Okrem toho potenciálni kupujúci alebo nájomcovia zadávajú do špecifikovaných polí úplné kontaktné údaje. Patri medzi ne priezvisko, meno, ulica, číslo domu, PSČ, mesto, telefón a e-mailová adresa.

V tejto súvislosti zainteresované strany udeľujú svoj súhlas na účely kontaktovania a prijímania zodpovedajúcich nehnuteľností od realitných kancelárií.

Zainteresované strany týmto tiež uzatvárajú zmluvu s prevádzkovateľom portálu na hľadanie nehnuteľností.

V nasledujúcom kroku sú profily vyhľadávania sprístupnené pripojeným realitným kanceláriám, ešte nie sú viditeľné, pomocou rozhrania na programovanie aplikácie (api) –napríklad podobné ako nemecké programovacie rozhranie „openimmo". Je potrebné poznamenať, že toto programovacie rozhranie –v podstate kľúč na zavedenie –má podporovať alebo zaručovať prevod na takmer každý realitný softvér, ktorý sa aktuálne používa. Ak to tak nie je, malo by to byť technologicky možné. Keďže sa už programovacie rozhrania používajú, ako napríklad „openimmo "či iné, je potrebné, aby bolo možné preniesť profil vyhľadávania.

Realitné kancelárie teraz porovnajú profil so svojimi nehnuteľnosťami, ktoré sú práve na trhu. Na tento účel sa nehnuteľnosti načítavajú na portál na vyhľadávanie nehnuteľností a porovnávajú a spájajú s príslušnými charakteristikami.

Po dokončení porovnávania sa vytvorí správa, ktorá zobrazí percento zhody. Od zhody 50 % je profil vyhľadávania zobrazovaný do softvéru realitnej kancelárie.

Jednotlivé charakteristiky sú medzi sebou navzájom vážené (bodový systém), aby po porovnaní charakteristík sa stanoví zodpovedajúce percento zhody (možnosť zhody). Napríklad charakteristika „druh nehnuteľnosti "má vyššiu váhu ako charakteristika „obytná plocha". Okrem toho je možné zvoliť niektoré charakteristiky (napr. suterén), ktoré nehnuteľnosť musí mať.

Počas porovnania charakteristík zhody je tiež potrebné zaručiť, aby realitné kancelárie mali prístup len k požadovaným (rezervovaným) regiónom. Znižuje sa tak námaha pri porovnávaní údajov. To je dôležité najmä s ohľadom na realitné kancelárie, ktoré často pôsobia na regionálnom základe. Tu je potrebné uviesť, že pomocou cloudových riešení je dnes možné ukladať a spracovávať veľké množstvo údajov.

S cieľom zaručiť profesionálne sprostredkovanie predaja nehnuteľností majú k profilom vyhľadávania prístup len realitné kancelárie.

Na tento účel realitné kancelárie uzatvárajú zmluvu s prevádzkovateľom portálu na hľadanie nehnuteľností.

Po príslušnom porovnaní a spojení môže realitná kancelária kontaktovať záujemcu a naopak záujemcovia môžu kontaktovať realitnú kanceláriu. Ak realitná kancelária odoslala správu potenciálnemu kupujúcemu alebo nájomcovi, znamená to tiež, že sa zdokumentuje správa o aktivite alebo nároku kancelárie na províziu za nehnuteľnosť v prípade dokončeného predaja alebo prenájmu.

To sa vykoná pod podmienkou, že realitnú kanceláriu najme vlastník nehnuteľnosti (predajca alebo prenajímateľ) na umiestnenie nehnuteľnosti alebo že bol udelený súhlas ponúkať nehnuteľnosť.

6. Rozsah platnosti

Vyhľadávanie nehnuteľností, ktoré je tu opísané, sa vzťahuje na predaj alebo prenájom nehnuteľností v rezidenčnom a komerčnom sektore. V prípade komerčných nehnuteľností sa požadujú príslušné ďalšie charakteristiky nehnuteľností.

Na strane potenciálnych kupujúcich alebo nájomcov tiež môže konať realitná kancelária, ako je bežnou praxou, napríklad ak ju poverili klienti.

V zmysle geografických regiónov je realitný portál použiteľný takmer v každej krajine.

7. Výhody

Tento proces vyhľadávania nehnuteľností ponúka veľkú výhodu pre potenciálnych kupujúcich a predajcov, či už pri hľadaní ich vlastnej plochy (miesto bývania) alebo ak sa sťahujú do iného mesta či regiónu z pracovných dôvodov. Musia len zadať svoj profil vyhľadávania po prijatí informácie o zodpovedajúcich nehnuteľnostiach od realitných kancelárií pôsobiacich v požadovanom regióne.

Pre realitné kancelárie to poskytuje veľké výhody z hľadiska efektívnosti a úspory času pri predaji alebo prenájme.

Dostanú okamžitý prehľad o tom, aký je vysoký potenciál konkrétnych zúčastnených strán ohľadne každej príslušnej nehnuteľnosti, ktorú ponúkajú.

Okrem toho sa môžu realitné kancelárie obrátiť priamo na ich príslušnú cieľovú skupinu, ktoré poskytla konkrétne predstavy o ich vysnívanej nehnuteľnosti v procese nastavenia ich profilu vyhľadávania. Kontakt možno stanoviť napríklad odoslaním realitných správ.

Zvyšuje sa tak kvalita kontaktu so zainteresovanými stranami, ktoré vedia, čo hľadajú. Znižuje sa tak tiež počet následných poverení na zobrazovanie nehnuteľností, ktoré naopak znižujú celkové predajné obdobie pre nehnuteľnosti, ktoré majú byť sprostredkované.

Keď si potenciálny kupujúci alebo prenajímateľ zobrazí nehnuteľnosť, ktorá má byť umiestnená, možno uzatvoriť kúpnu zmluvu alebo zmluvu o prenájme, ako pri tradičnom realitnom predaji.

8. Vzorový výpočet (potenciálny) –len rezidencie a domy obývané majiteľmi (bez prenajímaných bytov alebo domov či komerčných nehnuteľností)

Nasledujúci príklad jasne ukazuje potenciál portálu na vyhľadávanie nehnuteľností.

V geografickej oblasti s 250 000 obyvateľmi, ako je mesto Mönchengladbach (Nemecko), je, štatisticky zaokrúhlené, asi 125 000 domácností (2 obyvatelia na domácnosť). Priemerná miera premiestnenia je približne 10 %. To znamená, že 12 500 domácností sa premiestni ročne. Pomer počtu prisťahovaní k počtu odsťahovaní sa v tomto prípade Mönchengladbachu neberie do úvahy. Približne 10 000 domácností (80 %) hľadá nehnuteľnosti na prenájom a približne 2 500 domácností (20 %) hľadá nehnuteľnosť na predaj.

V súlade so správou o trhu s nehnuteľnosťami od poradného výboru pre mesto Mönchengladbach sa v roku 2012 nakúpilo 2 613 nehnuteľností. To potvrdzuje skôr uvedený počet 2 500 potenciálnych kupujúcich. V skutočnosti by ich bolo viac, no nie každý potenciálny kupujúci dokázal nájsť svoju ideálnu nehnuteľnosť. Počet potenciálnych kupujúcich, ktorí majú skutočný záujem alebo konkrétne počet profilov vyhľadávania sa odhaduje na dvojnásobok ako priemerná miera premiestnenia, ktorá je približne 10 %, teda 25 000 profilov vyhľadávania. To zahŕňa aj možnosť, že potenciálni kupujúci nastavili na portáli na vyhľadávanie nehnuteľností viaceré profily vyhľadávania.

Tiež je zaujímavé uviesť, že na základe skúseností približne polovica všetkých potenciálnych kupujúcich a nájomcov doteraz našla svoju nehnuteľnosť pri práci s realitnou kanceláriou, čo je 6 250 domácností navyše.

Minulé skúsenosti tiež ukazujú, že minimálne 70 % všetkých domácností vyhľadávalo nehnuteľnosť pomocou realitného portálu na internete, čo je spolu 8 750 domácností (čo zodpovedá 17 500 profilom vyhľadávania).

Ak by 30 % všetkých potenciálnych kupujúcich a predajcov, čo je 3 750 domácností (alebo 7 500 profilov vyhľadávania) malo nastaviť profil vyhľadávania na portáli na vyhľadávanie nehnuteľností (app) pre mesto ako je Mönchengladbach, pripojené realitné kancelárie by mohli ponúknuť vhodné nehnuteľnosti potenciálnym kupujúcim pomocou 1 500 špecifických profilov vyhľadávania (20 %) a potenciálnym nájomcom pomocou 6 000 konkrétnych profilov vyhľadávania (80 %).

To znamená, že priemerné trvanie vyhľadávanie 10 mesiacov a vzorová cena 50 EUR za mesiac pre každý profil vyhľadávania, ktorý nastavia potenciálni kupujúci alebo nájomcovia, existuje potenciál predaja 3 750 000 EUR ročne s profilmi vyhľadávania 7 500 pre mesto s 250 000 obyvateľmi.

Extrapoláciou na celé Nemecko s počtom obyvateľov približne 80 000 000 (80 miliónov) dostaneme potenciál predaja v hodnote 1 200 000 000 EUR (1,2 miliardy EUR) ročne. Ak by namiesto 30 % bolo 40 % všetkých potenciálnych kupcov alebo nájomcov, ktorí vyhľadávajú ich nehnuteľnosť pomocou portálu na hľadanie nehnuteľností, potenciál predaj aby sa zvýšil na 1 600 000 000 EUR (1,6 miliardy EUR) ročne.

Predajný potenciál sa vzťahuje len na byty a domy obývané majiteľmi. Nehnuteľnosti na prenájom alebo investície v sektore rezidenčných nehnuteľností a sektore všetkých komerčných nehnuteľností do tohto výpočtu potenciálu neboli zahrnuté.

S približne 50 000 spoločnosťami v Nemecku v odvetví realitnej maklérskej činnosti (vrátane realitných kancelárií, stavebných spoločností, realitných obchodníkov a iných realitných spoločností), približne 200 000 zamestnancami a podielom 20 % z týchto 50 000 spoločností, ktoré používajú tento portál na vyhľadávanie nehnuteľností, s priemerne 2 licenciami dostaneme výsledok (s použitím vzorovej ceny 300 EUR mesačne za licenciu) potenciálneho predaja 72 000 000 EUR (72 miliónov EUR) ročne. Ak sa okrem toho použije regionálna rezervácia pre miestne profily vyhľadávania, možno dosiahnuť ďalší predajný potenciál, v závislosti od návrhu.

Vďaka tomuto enormnému potenciálu možných kupujúcich a nájomcov so špecifickými profilmi vyhľadávania už realitné kancelárie nebudú musieť načítavať svoje vlastné databázy zainteresovaných strán, ak ich majú. Okrem toho možno s veľkou pravdepodobnosťou očakávať, že počet aktuálnych profilov vyhľadávania prekročí počet profilov vyhľadávania vytvorených mnohými realitnými kanceláriami v ich vlastných databázach.

Keby sa tento inovatívny portál vyhľadávania nehnuteľností mal použiť vo viacerých krajinách, potenciálni kupujúci napríklad z Nemecka vytvoria profil vyhľadávania pre prázdninové apartmány na stredomorskom ostrove Malorka (Španielsko) a pripojené realitné kancelárie na Malorke by mohli ponúknuť svoje zodpovedajúce apartmány potenciálnym klientom z Nemecka e-mailom. Ak sú správy v španielčine, potenciálni nájomcovia môžu v súčasnosti jednoducho použiť prekladací program na internete na rýchly preklad textu do nemčiny.

Aby bolo možné použiť spojenie profilov vyhľadávania s dostupnými nehnuteľnosťami bez jazykových bariér, porovnanie príslušných charakteristík možno vykonať v rámci portálu na hľadanie nehnuteľností, porovnanie príslušných charakteristík možno vykonať v rámci portálu na hľadanie nehnuteľností na základe naprogramovaných (matematických) charakteristík bez ohľadu na jazyk a príslušný jazyk sa pridelí na konci.

Pri použití portálu na hľadanie nehnuteľností na všetkých kontinentoch, predtým uvedené potenciály predaja (len pre záujemcov o vyhľadávanie) veľmi jednoducho extrapolované, by vyzerali takto:

Celková populácia:

7 500 000 000 (7,5 miliardy) obyvateľov

1. Populácia v priemyselne vyspelých krajinách a do značnej miery priemyselne vyspelých krajinách:

   2 000 000 000 (2,0 miliardy) obyvateľov

2. Populácia v rýchlo sa rozvíjajúcich krajinách:

   4 000 000 000 (4,0 miliardy) obyvateľov

3. Populácia v rozvojových krajinách:

   1 500 000 000 (1,5 miliardy) obyvateľov

Ročný potenciál predaja pre Nemecko je prevedený a odhadovaný ako 1,2 miliardy EUR s 80 miliónmi rezidentov s nasledujúcimi odhadovanými faktormi pre priemyselne vyspelé, rýchlo sa rozvíjajúce a rozvojové krajiny.

1. Priemyselne vyspelé krajiny: 1,0

2. Rýchlo sa rozvíjajúce krajiny: 0,4

3. Rozvojové krajiny: 0,1

Výsledok je nasledujúci ročný potenciál predaja (1,2 miliardy EUR x populácia (priemyselne vyspelé, rýchlo sa rozvíjajúce alebo rozvojové krajiny) / 80 miliónov obyvateľov x faktor).

1. Priemyselne vyspelé
   krajiny: 30,00 miliárd EUR

2. Rýchlo sa rozvíjajúce
   krajiny: 24,00 miliárd EUR

3. Rozvojové
   krajiny: 2,25 miliardy EUR

   Spolu: **56,25 miliardy EUR**

9. Záver

Znázornený portál na vyhľadávanie nehnuteľností ponúka výrazné výhody pre tých, ktorí hľadajú nehnuteľnosti (zainteresované strany) a pre realitné kancelárie.

1. Čas potrebný na vyhľadávanie vhodných nehnuteľností sa výrazne skráti pre zainteresované strany, pretože im stačí vytvoriť si profil vyhľadávania len raz.

2. Realitná kancelária získa celkový prehľad o počte potenciálnych kupujúcich alebo nájomcov vrátane informácií o ich špecifických potrebách (profil vyhľadávania).

3. Zainteresované strany dostanú iba požadované alebo zodpovedajúce nehnuteľnosti (na základe profilu vyhľadávania) od všetkých realitných

kancelárií (podobne ako pri automatickom výbere).

4. Realitné kancelárie znížia svoje úsilie pri udržiavaní vlastnej databázy vyhľadávacích profilov, pretože mnohé aktuálne profily vyhľadávania sú dostupné trvalo.

5. Keďže sú do portálu na vyhľadávanie nehnuteľností zapojení len komerční poskytovatelia alebo realitné kancelárie, potenciálni kupujúci alebo nájomcovia môžu spolupracovať so skúsenými realitnými kanceláriami.

6. Realitné kancelárie znižujú počet ich zobrazení a celkový čas na marketing. Na druhej strane sa zníži počet zobrazení potenciálnych kupcov alebo nájomcov aj čas na uzavretie zmluvy o kúpe či prenájme.

7. Majitelia nehnuteľností, ktoré sa majú predať alebo prenajať tiež šetria čas. Okrem toho sú s tým spojené finančné výhody s menším množstvom času, kedy sú prenajímané nehnuteľnosti prázdne, a skoršou platbou za nákup nehnuteľností na predaj vďaka rýchlejšiemu prenájmu či predaju.

Zavedením tejto koncepcie do vyhľadávania nehnuteľností možno dosiahnuť výrazný pokrok v oblasti sprostredkovania nehnuteľností.

10. Integrovanie portálu na hľadanie nehnuteľností do nového softvéru realitnej agentúry vrátane ocenenia nehnuteľnosti

Nakoniec uvádzame, že portál na vyhľadávanie nehnuteľností, ktorý je tu opísaný, môže byť výrazným prvkom nového –v ideálnom prípade celosvetovo dostupného –softvéru pre realitné kancelárie už od úplného začiatku. To znamená, že realitné kancelárie môžu používať portál na vyhľadávanie nehnuteľností spolu s ich existujúcim softvérom pre realitné kancelárie alebo v ideálnom prípade používať nový softvér pre realitné kancelárie vrátane portálu na vyhľadávanie nehnuteľností.

Integrovaním tohto účinného a inovatívneho portálu na vyhľadávanie nehnuteľností do nového softvéru pre realitné kancelárie sa vytvori dôležité jedinečné predajné miesto pre softvér pre realitné kancelárie, ktorý bude zásadne dôležitý na preniknutie na trh.

Keďže oceňovanie nehnuteľnosti je a zostane aj naďalej základným prvkom realitnej kancelárie, softvér pre realitné kancelárie musí mať integrovaný nástroj na oceňovanie nehnuteľnosti. Oceňovanie nehnuteľností pomocou príslušných spôsobov výpočtu môže využívať príslušné parametre údajov nehnuteľností, ktoré zadala alebo uložila realitná kancelária. Podobne môže realitná kancelária nahradiť chýbajúce parametre svojimi vlastnými skúsenosťami z miestneho trhu.

Okrem toho bude mať softvér pre realitné kancelárie možnosť integrovať virtuálne prehliadky dostupných nehnuteľností. To by mohlo byť ľahko realizované vytvorením ďalšej aplikácie pre mobilné telefóny alebo tablety, ktorá môžu zaznamenávať a potom integrovať či začleniť svoje vlastné virtuálne prehliadky – zväčša automaticky –do softvéru pre realitné kancelárie.

Ak sa účinný a inovatívny portál na vyhľadávanie nehnuteľností začlení do nového softvéru pre realitné kancelárie spolu s oceňovaním nehnuteľností, potenciál možného predaja sa opäť výrazne zvýši.

Matthias Fiedler

Korschenbroich, 31. 10. 2016

Matthias Fiedler

Erika-von-Brockdorff-Str. 19

41352 Korschenbroich

Nemecko

www.matthiasfiedler.net